Impressum
Verlag: BABADADA GmbH, Nedderfeld 112 , 22529 Hamburg
Geschäftsführer / Verlagsleitung: Harald Hof
Druck: Books on Demand GmbH, In de Tarpen 42, 22848 Norderstedt

Imprint
Publisher: BABADADA GmbH, Nedderfeld 112 , 22529 Hamburg, Germany
Managing Director / Publishing direction: Harald Hof
Print: Books on Demand GmbH, In de Tarpen 42, 22848 Norderstedt, Germany

школа

xue xiao

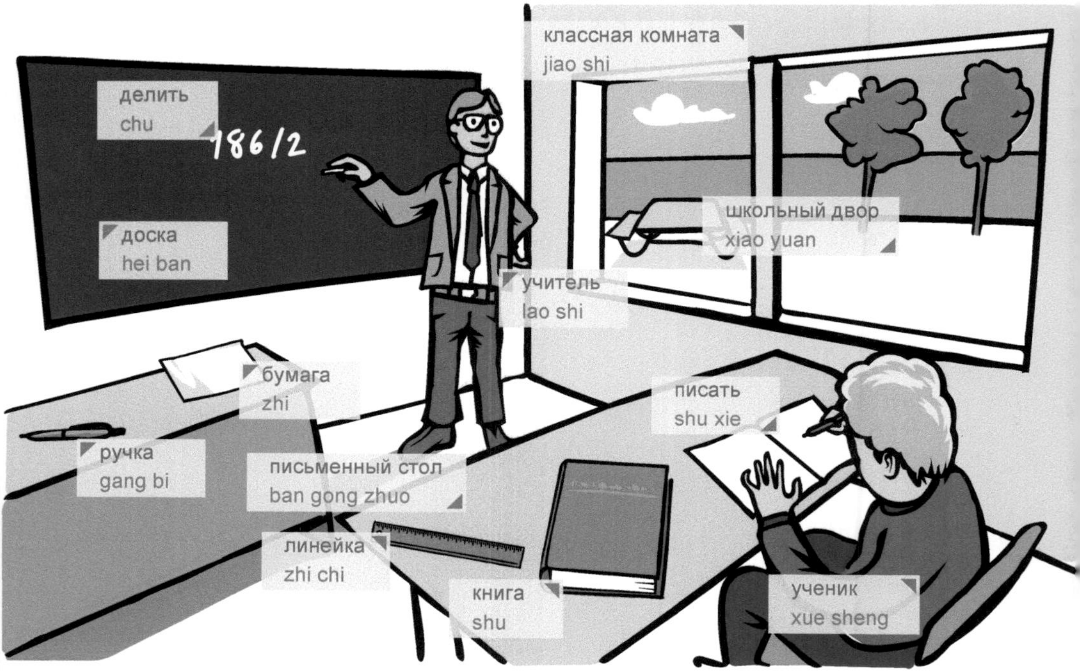

классная комната
jiao shi
делить
chu
186/2
доска
hei ban
школьный двор
xiao yuan
учитель
lao shi
бумага
zhi
писать
shu xie
ручка
gang bi
письменный стол
ban gong zhuo
линейка
zhi chi
книга
shu
ученик
xue sheng

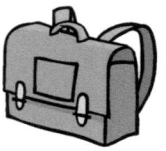

ранец

shu bao

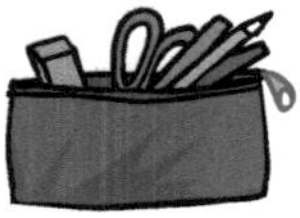

пенал

qian bi he

карандаш

qian bi

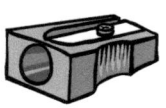

точилка

juan bi dao

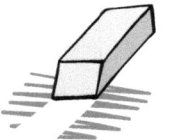

ластик

xiang pi ca

альбом для рисования

hua ban

рисунок

tu hua

кисточка

hua bi

коробка красок

yan liao he

ножницы

jian dao

клей

jiao shui

тетрадь

lian xi ce

домашняя работа

jia ting zuo ye

цифра

shu zi

прибавлять

jia

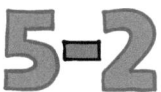

вычитать

jian

умножать

cheng

считать

ji suan

буква

zi mu

алфавит

zi mu biao

слово

zi

текст

ke wen

читать

du

мел

fen bi

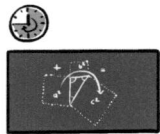

урок

shang ke

классный журнал

deng ji

экзамен

kao shi

диплом

zheng shu

школьная форма

xiao fu

образование

jiao yu

энциклопедия

bai ke quan shu

университет

da xue

микроскоп

xian wei jing

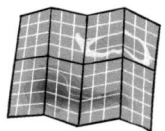

карта

di tu

корзина для бумаг

fei zhi kuang

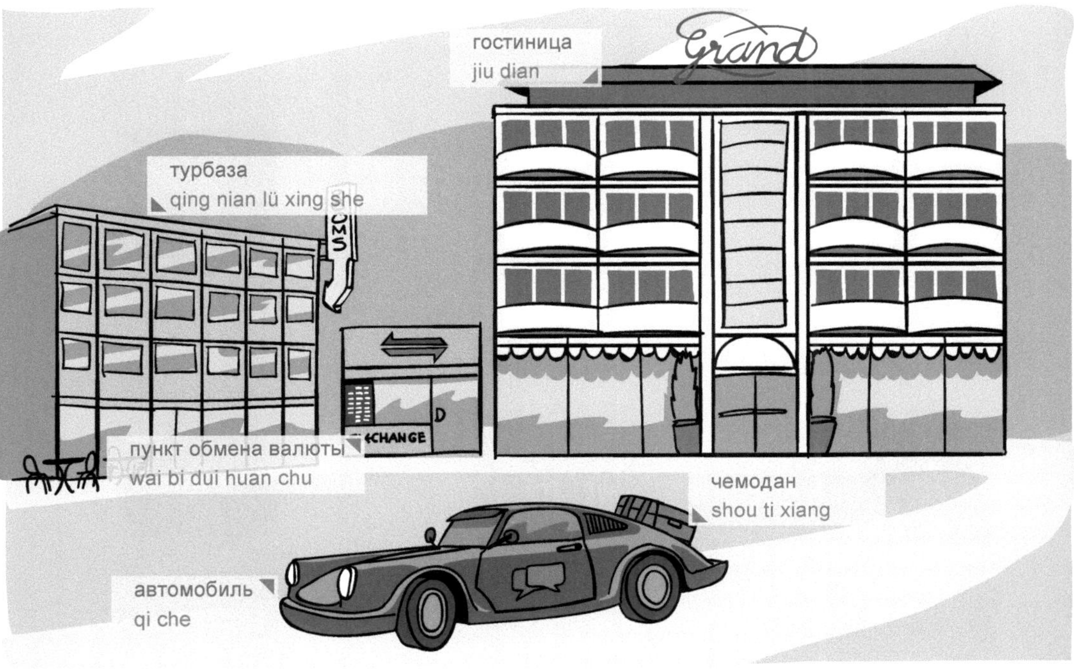

гостиница
jiu dian
Grand
турбаза
qing nian lü xing she
пункт обмена валюты
wai bi dui huan chu
чемодан
shou ti xiang
автомобиль
qi che

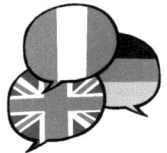

язык

yu yan

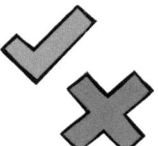

да / нет

shi/fou

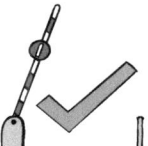

хорошо

hao de

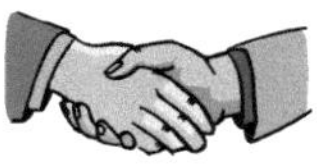

Привет

nin hao

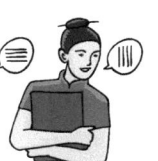

переводчик

fan yi yuan

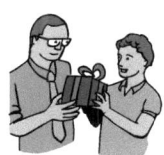

Спасибо

xie xie

Сколько стоит...?

......duo shao qian?

Я не понимаю

wo bu ming bai

проблема

wen ti

Добрый вечер!

wan shang hao!

Доброе утро!

zao shang hao!

Доброй ночи!

wan an!

До свидания

zai jian

направление

fang xiang

багаж

xing li

сумка

bao

рюкзак

shuang jian bao

гость

ke ren

комната

fang jian

спальный мешок

shui dai

палатка

zhang peng

туристическая информация
lü you xin xi

пляж
hai tan

кредитная карточка
xin yong ka

завтрак
zao can

обед
wu can

ужин
wan can

билет
piao

лифт
dian ti

почтовая марка
you piao

граница
bian jie

таможня
hai guan

посольство
da shi guan

виза
qian zheng

паспорт
hu zhao

транспорт

jiao tong yun shu

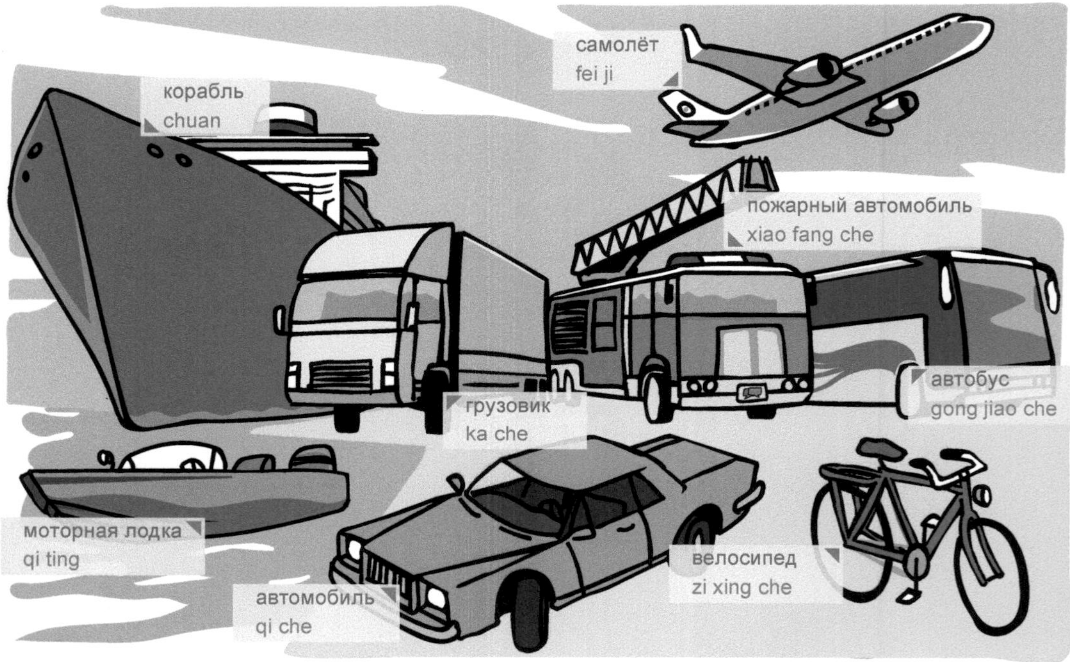

самолёт
fei ji
корабль
chuan
пожарный автомобиль
xiao fang che
автобус
gong jiao che
грузовик
ka che
моторная лодка
qi ting
велосипед
zi xing che
автомобиль
qi che

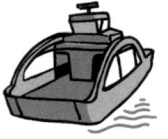

паром

bai du chuan

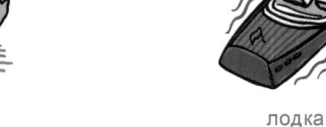

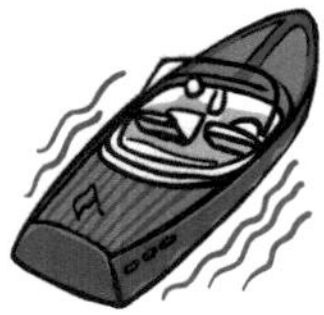

лодка

xiao chuan

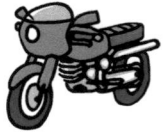

мотоцикл

mo tuo che

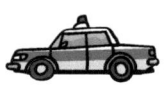

полицейский автомобиль

jing che

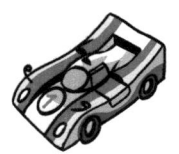

гоночный автомобиль

sai che

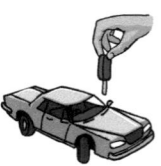

арендованный автомобиль

zu che

совместное пользование
автомобилями

pin che

буксировочный
автомобиль
tuo che

мусоровоз

la ji che

двигатель

fa dong ji

топливо

qi you

заправка

jia you zhan

дорожный знак

jiao tong biao zhi

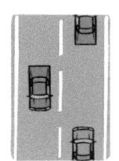

движение

jiao tong

пробка

jiao tong du sai

автостоянка

ting che chang

вокзал

huo che zhan

рельсы

gui dao

поезд

huo che

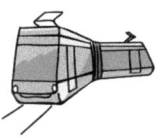

трамвай

dian che

вагон

huo che

вертолёт

zhi sheng ji

аэропорт

ji chang

вышка

ta

пассажир

cheng ke

контейнер

ji zhuang xiang

коробка

zhi ban xiang

тележка

shou tui che

корзина

lan zi

взлетать / приземляться

qi fei/jiang luo

город

cheng shi

деревня

cun zhuang

центр города

shi zhong xin

дом

fang zi

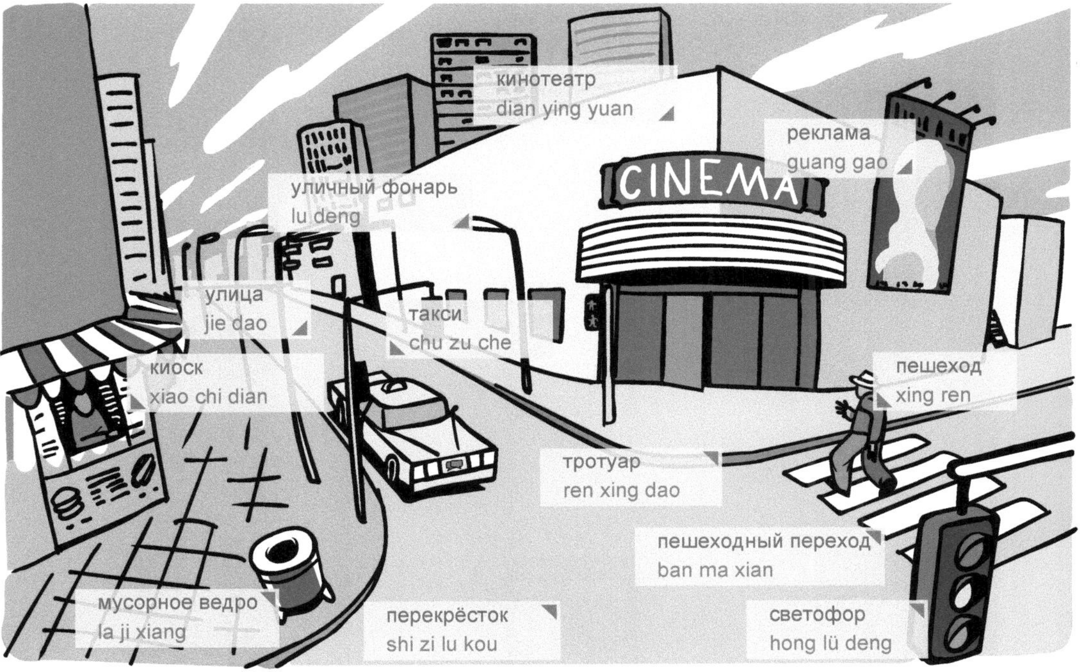

кинотеатр
dian ying yuan
CINEMA
реклама
guang gao
уличный фонарь
lu deng
улица
jie dao
такси
chu zu che
киоск
xiao chi dian
пешеход
xing ren
тротуар
ren xing dao
пешеходный переход
ban ma xian
мусорное ведро
la ji xiang
перекрёсток
shi zi lu kou
светофор
hong lü deng

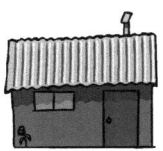

хижина

xiao wu

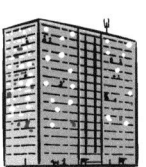

квартира

gong yu

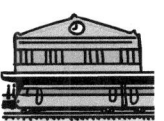

вокзал

huo che zhan

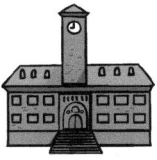

ратуша

shi zheng ting

MUSEUM

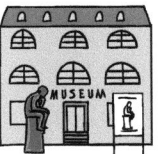

музей

bo wu guan

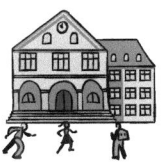

школа

xue xiao

университет

da xue

банк

yin hang

больница

yi yuan

гостиница

jiu dian

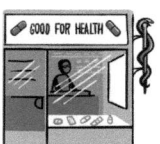

аптека

yao fang

офис

ban gong shi

книжный магазин

shu dian

магазин

shang dian

цветочный магазин

hua dian

супермаркет

chao shi

рынок

shi chang

универмаг

bai huo shang dian

торговец рыбой

yu dian

торговый центр

gou wu zhong xin

порт

hai gang

парк

gong yuan

скамейка

chang deng

мост

qiao

лестница

lou ti

метро

di tie

тоннель

sui dao

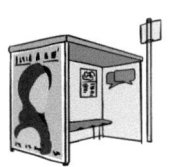

автобусная остановка

gong jiao che zhan

бар

jiu ba

ресторан

can guan

почтовый ящик

you tong

табличка с названием
улицы

lu biao

паркометр

ting che ji shi qi

зоопарк

dong wu yuan

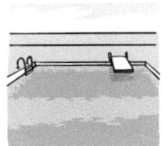

бассейн

you yong guan

мечеть

qing zhen si

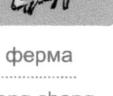

ферма

nong chang

загрязнение окружающей среды

wu ran

кладбище

mu di

церковь

jiao tang

детская площадка

cao chang

храм

si miao

ландшафт

di xing

лист
shu ye

дорожный указатель
zhi shi pai

дорога
lu

луг
cao di

путешественник
tu bu lü xing zhe

камень
shi tou

дерево
shu

река
he

трава
cao

цветок
hua

долина

xia gu

гора

shan

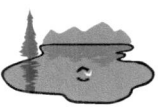

озеро

hu

лес

sen lin

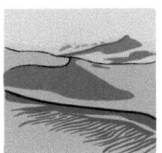

пустыня

sha mo

вулкан

huo shan

замок

cheng bao

радуга

cai hong

гриб

mo gu

пальма

zong lü shu

комар

wen zi

муха

cang ying

муравей

ma yi

пчела

mi feng

паук

zhi zhu

жук

jia chong

лягушка

qing wa

белка

song shu

еж

ci wei

заяц

ye tu

сова

mao tou ying

птица

niao

лебедь

tian e

кабан

ye zhu

олень

lu

лось

mi lu

плотина

shui ba

ветряной генератор

feng li fa dian ji

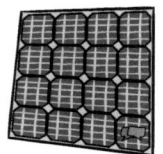

солнечная батарея

tai yang neng dian chi ban

климат

qi hou

ресторан

can guan

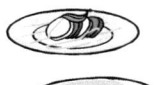

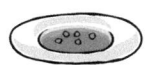

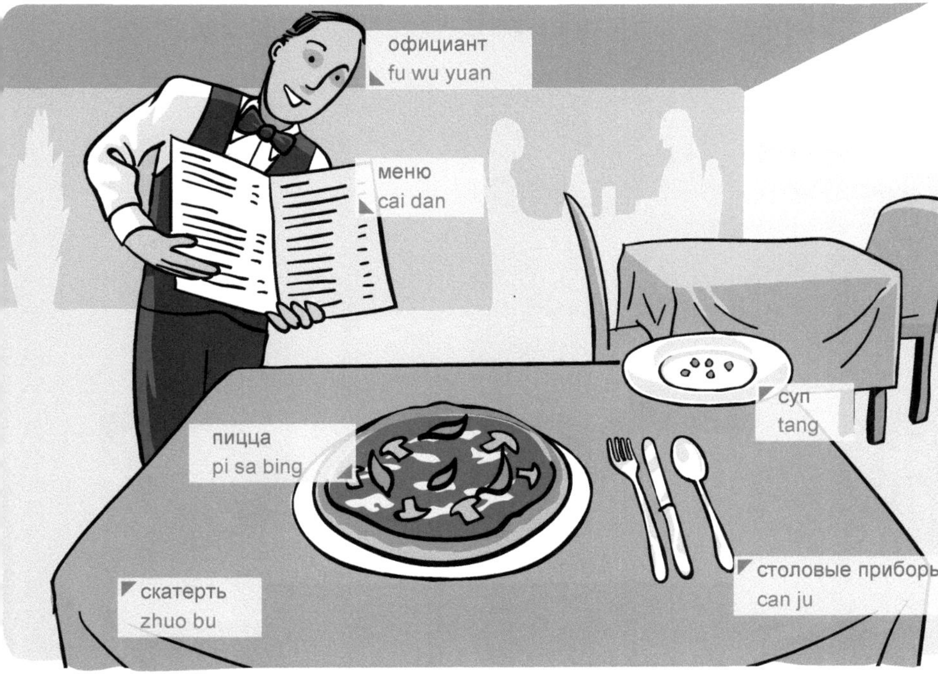
официант
fu wu yuan
меню
cai dan
стул
yi zi
суп
tang
пицца
pi sa bing
столовые приборы
can ju
скатерть
zhuo bu

закуска

qian cai

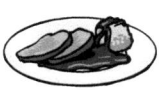

главное блюдо

zhu cai

десерт

tian dian

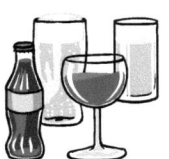

напитки

yin liao

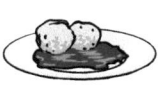

еда

shi wu

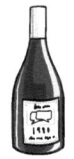

бутылка

ping zi

фастфуд

kuai can

уличная еда

jie bian xiao chi

чайник

cha hu

сахарница

tang he

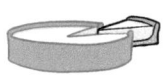

порция

yi fen fan cai

кофеварка

yi shi ka fei ji

детский стульчик

gao jiao yi

счет

zhang dan

поднос

tuo pan

нож

dao

вилка

can cha

ложка

shao zi

чайная ложка

cha chi

салфетка

can jin

стакан

bo li bei

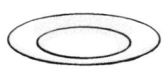

тарелка

die zi

суповая тарелка

tang pan

блюдце

die zi

соус

jiang

солонка

yan ping

мельница для перца

hu jiao mo

уксус

cu

масло

shi yong you

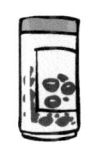

специи

tiao wei liao

кетчуп

fan qie jiang

горчица

jie mo

майонез

dan huang jiang

супермаркет

chao shi

специальное предложение
te jia
FOR
покупатель
gu ke
молочные продукты
ru zhi pin
фрукты
shui guo
тележка для покупок
gou wu che

BUTCHERS

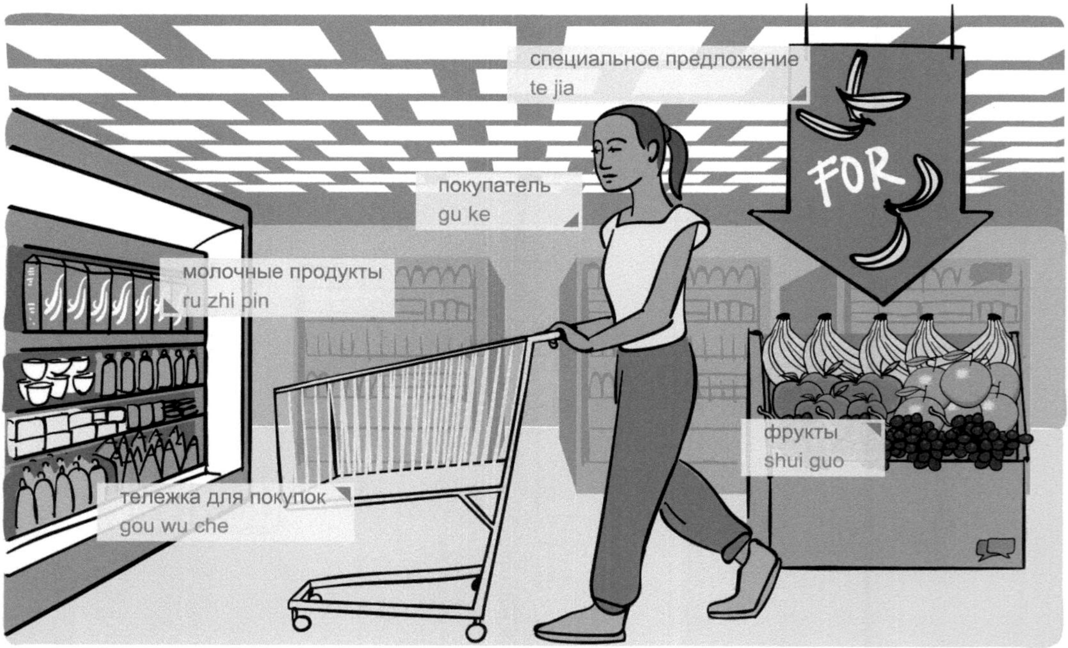

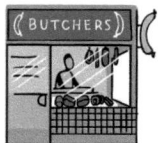

мясной магазин

rou pu

BAKERY

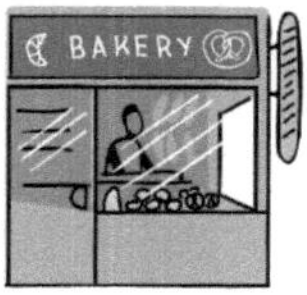

пекарня

mian bao fang

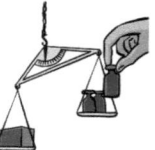

взвешивать

cheng zhong

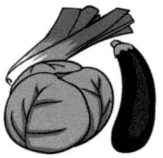

овощи

shu cai

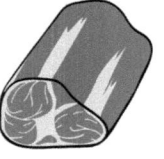

мясо

rou

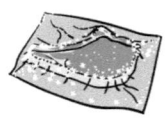

быстрозамороженные продукты

leng dong shi pin

нарезка

leng pan

консервы

guan tou shi pin

стиральный порошок

xi yi fen

сладости

tian shi

предмет домашнего
обихода
ri yong pin

моющее средство

qing jie yong pin

продавщица

xiao shou yuan

касса

shou yin ji

кассир

shou yin yuan

список покупок

gou wu qing dan

время работы

kai fang shi jian

бумажник

qian bao

кредитная карточка

xin yong ka

сумка

dai zi

полиэтиленовый пакет

su liao dai

вода

shui

сок

guo zhi

молоко

niu nai

кока-кола

ke le

вино

hong jiu

пиво

pi jiu

алкоголь

jiu

какао

ke ke

чай

cha

кофе

ka fei

эспрессо

yi shi nong suo ka fei

капучино

ka bu qi nuo

банан

xiang jiao

яблоко

ping guo

апельсин

cheng zi

арбуз

xi gua

лимон

ning meng

морковь

hu luo bo

чеснок

da suan

бамбук

zhu zi

лук

yang cong

гриб

mo gu

орехи

jian guo

лапша

mian tiao

спагетти

yi da li mian tiao

рис

mi fan

салат

sha la

картофель фри

shu tiao

жареный картофель

zha tu dou

пицца

pi sa bing

гамбургер

han bao bao

сэндвич

san ming zhi

шницель

zha zhu pai

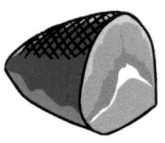

ветчина

huo tui

салями

sa la mi

колбаса

xiang chang

курица

ji rou

жаркое

kao rou

рыба

yu

овсяные хлопья

yan mai pian

мюсли

mu zi li

кукурузные хлопья

yu mi pian

мука

mian fen

круассан

yang jiao mian bao

булочка

mian bao juan

хлеб

mian bao

тост

kao mian bao

печенье

bing gan

масло

huang you

творог

ning ru

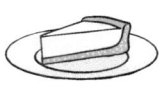

пирог

dan gao

яйцо

dan

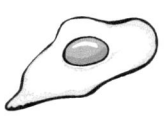

яичница

jian dan

сыр

nai lao

мороженое

bing ji lin

сахар

tang

мёд

feng mi

мармелад

guo jiang

крем с нугой

qiao ke li jiang

карри

ga li fan

ферма
nong chang

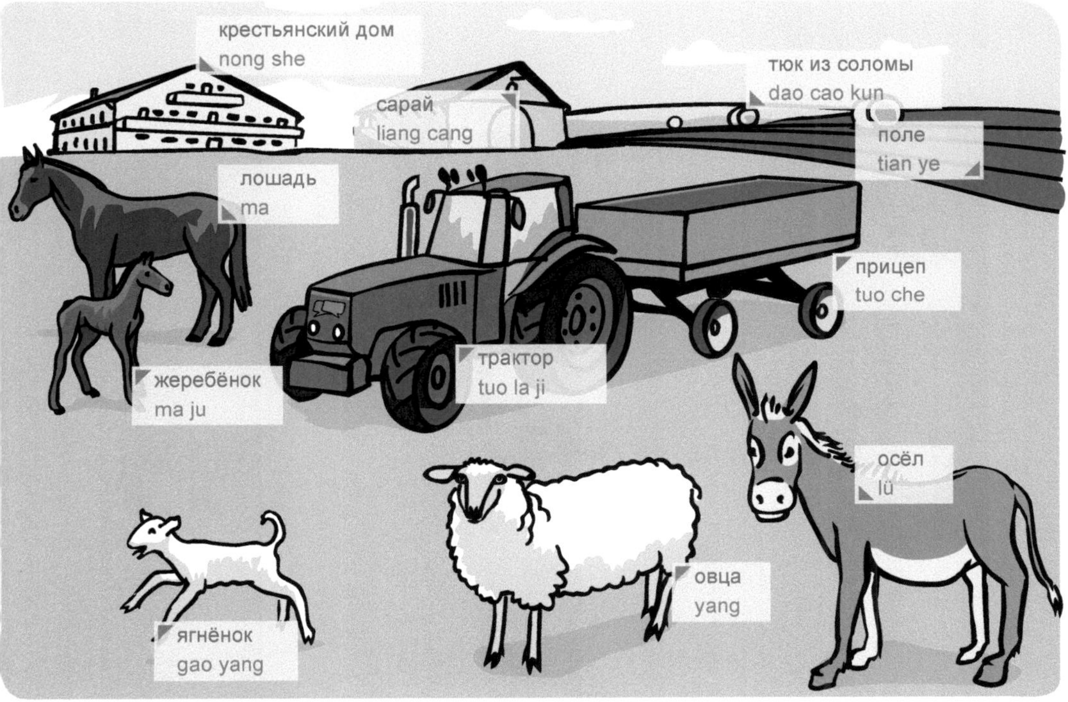

крестьянский дом
nong she
тюк из соломы
dao cao kun
сарай
liang cang
поле
tian ye
лошадь
ma
прицеп
tuo che
трактор
tuo la ji
жеребёнок
ma ju
осёл
lü
овца
yang
ягнёнок
gao yang

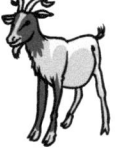

коза
shan yang

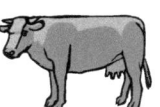

корова
nai niu

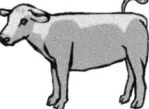

телёнок
niu du

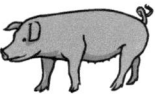

свинья
zhu

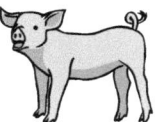

поросёнок
xiao zhu

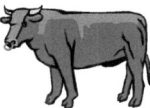

бык
gong niu

гусь

e

утка

ya

цыплёнок

xiao ji

курица

mu ji

петух

gong ji

крыса

shu

кошка

mao

мышь

lao shu

вол

niu

собака

gou

конура

gou wu

садовый шланг

hua yuan jiao shui ruan guan

лейка

sa shui hu

коса

chang bing da lian dao

плуг

li

серп

lian dao

мотыга

chu tou

навозные вилы

chang bing cao pa

топор

fu tou

тачка

du lun shou tui che

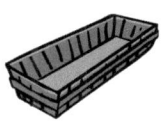

корыто

si liao cao

бидон для молока

niu nai guan

мешок

ma bu dai

забор

zha lan

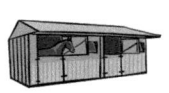

хлев

ma jiu

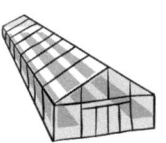

теплица

wen shi

почва

tu rang

посев

zhong zi

удобрение

fei liao

комбайн

lian he shou ge ji

собирать урожай

shou ge

урожай

shou ge

ямс

shan yao

пшеница

xiao mai

соя

da dou

картофель

tu dou

кукуруза

yu mi

рапс

you cai zi

фруктовое дерево

guo shu

маниок

shu shu

злаки

gu wu

дом
fang zi

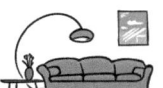

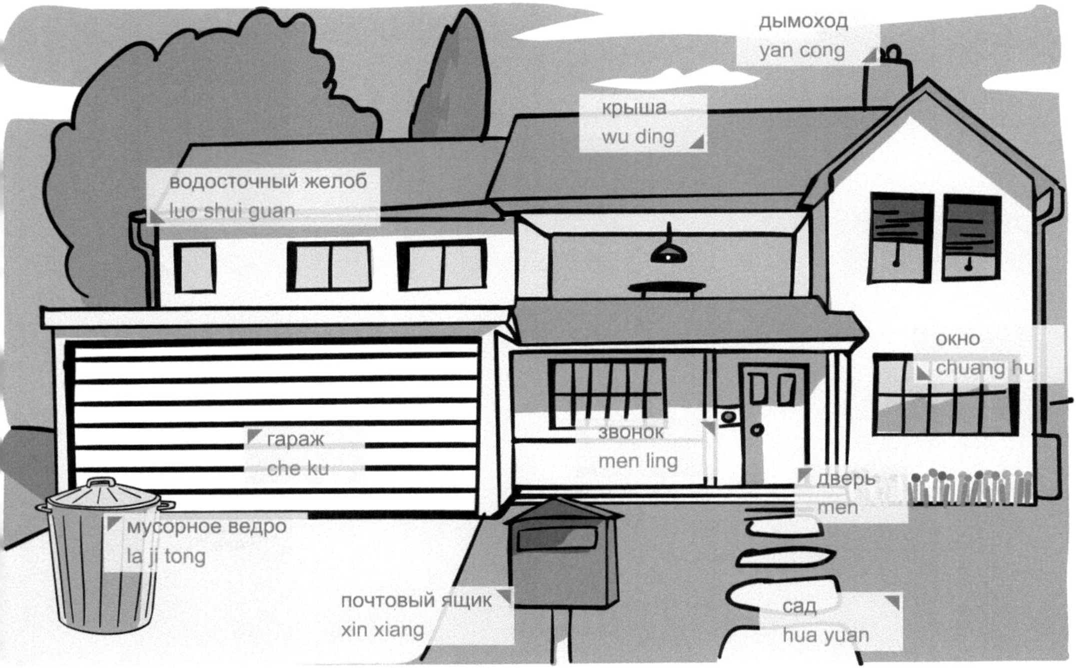
дымоход
yan cong
крыша
wu ding
водосточный желоб
luo shui guan
окно
chuang hu
гараж
che ku
звонок
men ling
дверь
men
мусорное ведро
la ji tong
почтовый ящик
xin xiang
сад
hua yuan

гостиная
ke ting

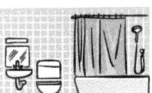

ванная комната
yu shi

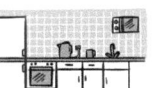

кухня
chu fang

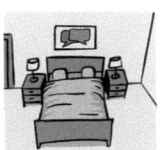

спальня
wo shi

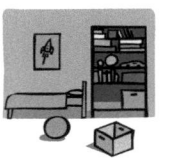

детская комната
er tong fang

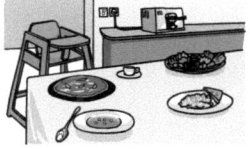

столовая
can ting

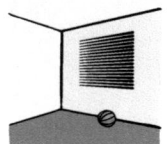

пол

di ban

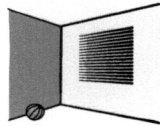

стена

qiang bi

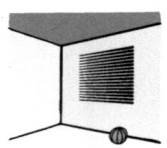

потолок

diao ding

подвал

di jiao

сауна

sang na

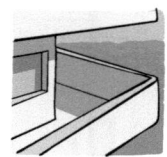

балкон

yang tai

терраса

lu tai

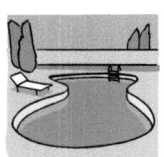

бассейн

you yong chi

газонокосилка

ge cao ji

пододеяльник

bei dan

покрывало

chuang zhao

кровать

chuang

метла

sao zhou

ведро

shui tong

выключатель

kai guan

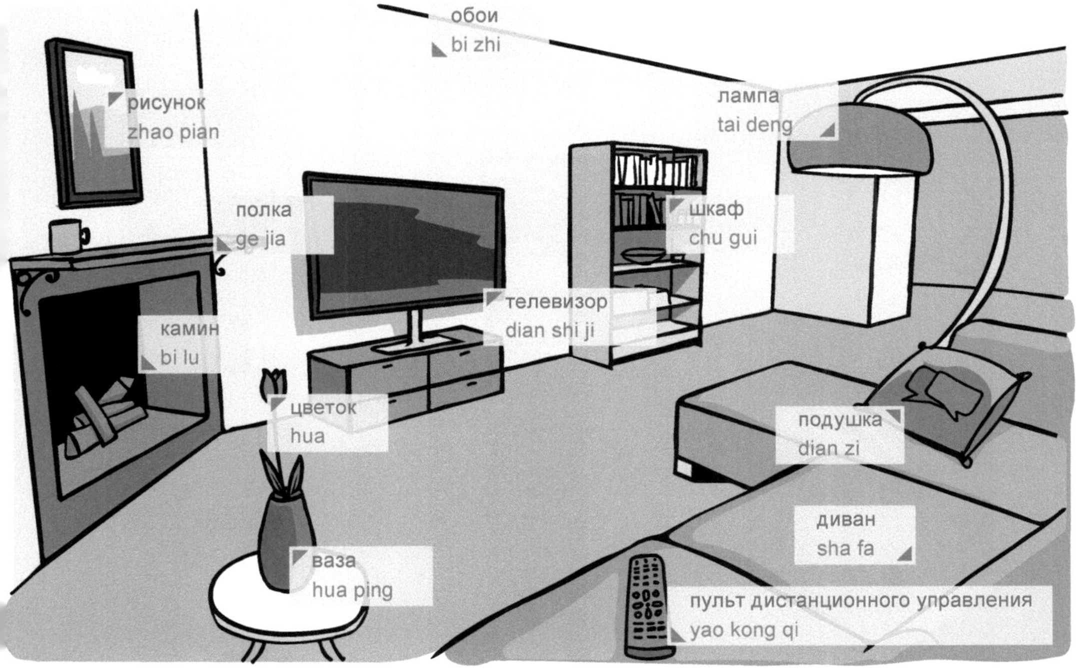

обои
bi zhi

рисунок
zhao pian

лампа
tai deng

полка
ge jia

шкаф
chu gui

телевизор
dian shi ji

камин
bi lu

цветок
hua

подушка
dian zi

диван
sha fa

ваза
hua ping

пульт дистанционного управления
yao kong qi

ковёр
di tan

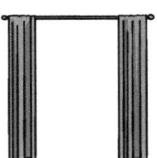

штора
chuang lian

стол
can zhuo

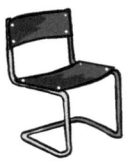

стул
yi zi

кресло-качалка
yao yi

кресло
fu shou yi

книга

shu

покрывало

tan zi

украшение

zhuang shi pin

дрова

mu chai

фильм

dian ying

стереосистема

gao bao zhen yin xiang

ключ

yao shi

газета

bao zhi

картина

you hua

плакат

hai bao

радио

shou yin ji

блокнот

bi ji ben

пылесос

xi chen qi

кактус

xian ren zhang

свеча

la zhu

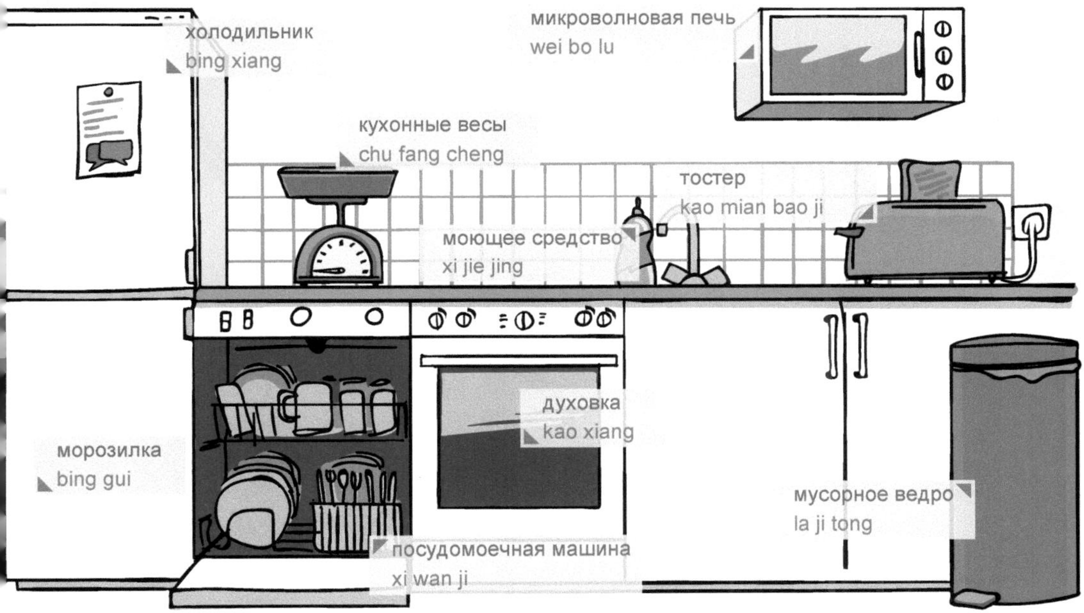

холодильник
bing xiang

микроволновая печь
wei bo lu

кухонные весы
chu fang cheng

тостер
kao mian bao ji

моющее средство
xi jie jing

духовка
kao xiang

морозилка
bing gui

мусорное ведро
la ji tong

посудомоечная машина
xi wan ji

плита

chui ju

кастрюля

guo

чугунный котелок

zhu tie guo

вок / кадай

sha guo

сковорода

ping di guo

чайник

shui hu

пароварка

zheng guo

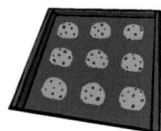

противень

kao pan

посуда

tao ci guo

кружка

ma ke bei

миска

wan

палочки для еды

kuai zi

половник

chang bing shao

лопатка

chan zi

сбивалка

jiao ban qi

сито

lü wang

сито

shai zi

тёрка

mo sui ji

ступка

yan bo

гриль

shao kao

костёр

ming huo

доска

cai ban

скалка

gan mian zhang

штопор

kai ping qi

жестяная банка

guan zi

консервный нож

kai ping qi

прихватка

ge re shou tao

раковина

shui cao

щетка

shua zi

губка

hai mian

миксер

jiao ban ji

морозильная камера

leng cang xiang

бутылочка для кормления

nai ping

кран

shui long tou

ванная комната

yu shi

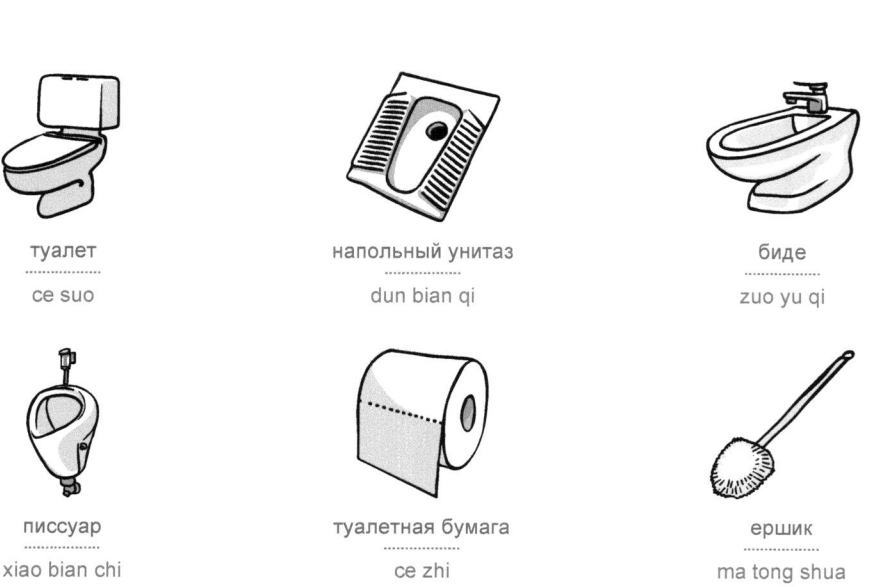

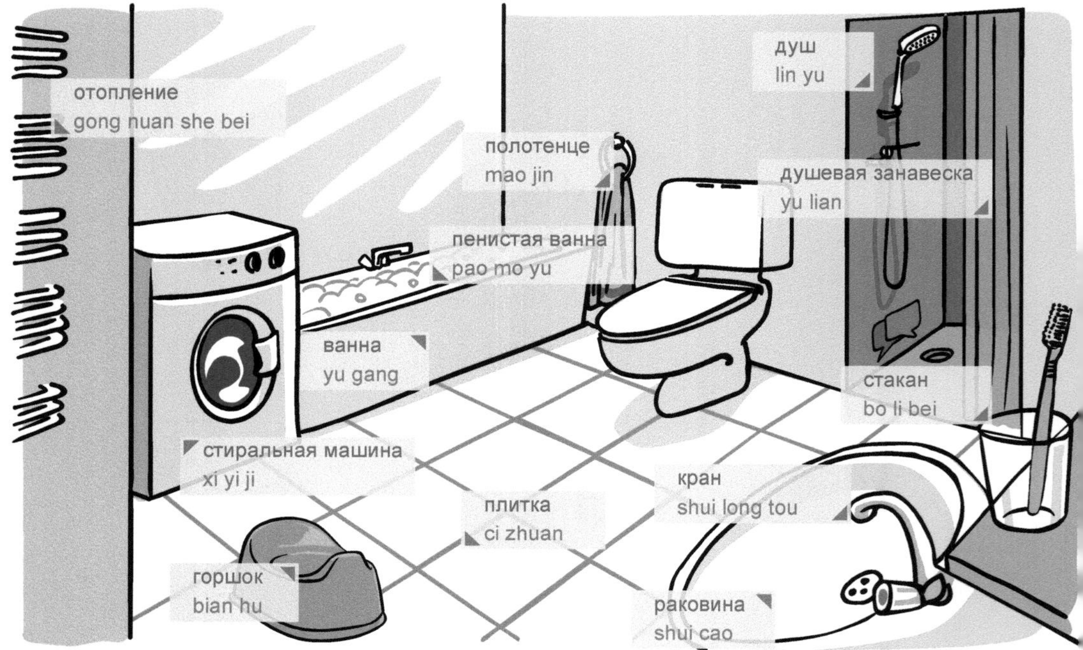
отопление
gong nuan she bei
полотенце
mao jin
душ
lin yu
душевая занавеска
yu lian
пенистая ванна
pao mo yu
ванна
yu gang
стакан
bo li bei
стиральная машина
xi yi ji
кран
shui long tou
плитка
ci zhuan
горшок
bian hu
раковина
shui cao

туалет

ce suo

напольный унитаз

dun bian qi

биде

zuo yu qi

писсуар

xiao bian chi

туалетная бумага

ce zhi

ершик

ma tong shua

зубная щетка

ya shua

зубная паста

ya gao

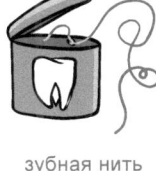

зубная нить

ya xian

мыть

xi

ручной душ

shou chi shi pen lin tou

интимный душ

chong xi qi

таз

xi lian pen

щетка для спины

ca bei shua

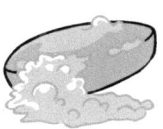

мыло

fei zao

гель для душа

mu yu lu

шампунь

xi fa shui

мочалка

fa lan rong

сток

pai shui

крем

ru shuang

дезодорант

chu chou ji

зеркало

jing zi

ручное зеркало

shou jing

бритва

ti xu dao

пена для бритья

ti xu pao mo

лосьон после бритья

xu hou shui

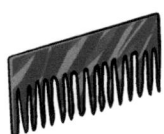

расческа

shu zi

щетка

shua zi

фен

chui feng ji

лак для волос

pen fa ding xing ji

косметика

hua zhuang pin

губная помада

chun gao

лак для ногтей

zhi jia you

вата

hua zhuang mian

маникюрные ножницы

zhi jia jian

духи

xiang shui

косметичка

xi shu bao

табуретка

deng zi

весы

ji zhong cheng

халат

yu pao

резиновые перчатки

xiang jiao shou tao

тампон

wei sheng mian tiao

гигиеническая прокладка

wei sheng jin

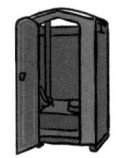

биотуалет

hua xue ce suo

детская комната

er tong fang

будильник
nao zhong
мягкая игрушка
mao rong wan ju
игрушечный автомобиль
wan ju che
погремушка
bo lang gu
кукольный домик
wan ju wu
подарок
li wu

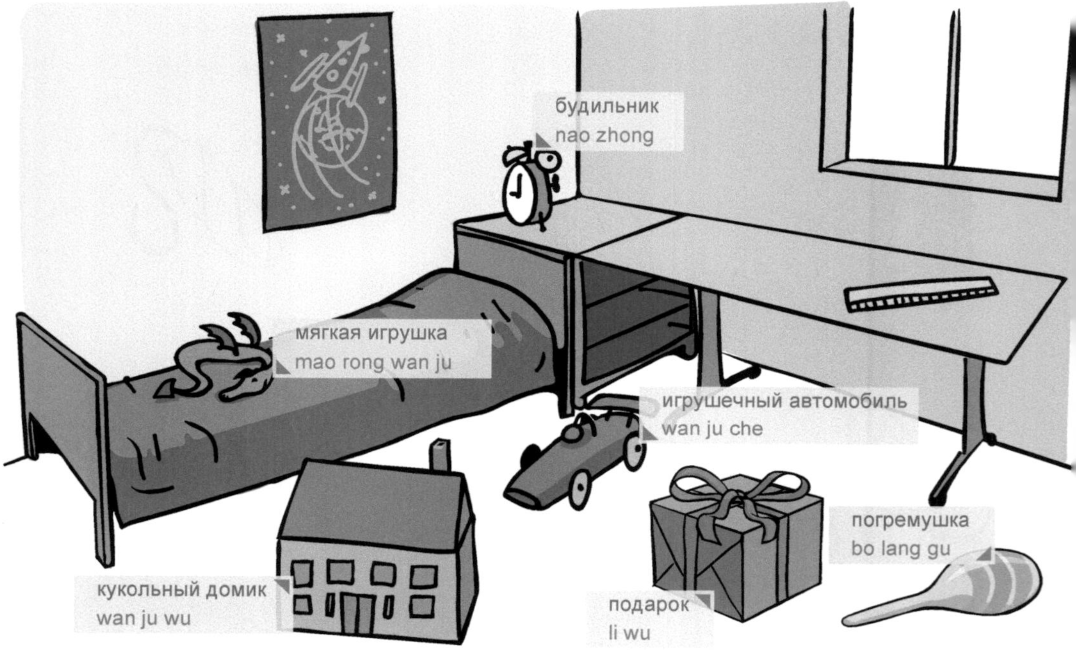

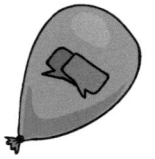

воздушный шар

qi qiu

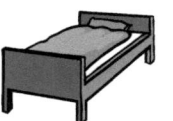

кровать

chuang

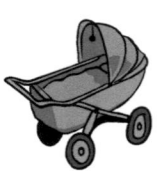

детская коляска

(yang wa wa yong)ying er che

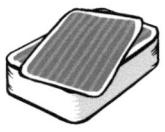

карточная игра

pu ke pai

пазл

pin tu

SUPER
MEGA

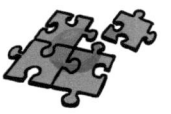

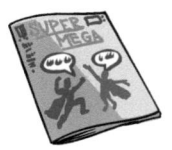

комикс

man hua

кирпичики Лего

le gao ji mu

кубики

ji mu wan ju

игрушечная фигурка

wan ju ren

ползунки

ying er fu

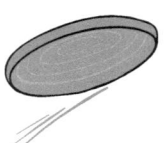

фрисби

fei pan

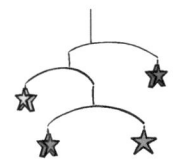

мобиле

chuang ling wan ju

настольная игра

qi pan you xi

кубик

shai zi

модель железной дороги

huo che mo xing

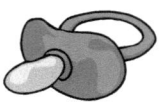

соска

an fu nai zui

вечеринка

ju hui

книга с картинками

hui ben

мяч

qiu

кукла

yang wa wa

играть

wan

песочница

sha keng

качели

qiu qian

игрушка

wan ju

игровая приставка

you xi ji

трёхколесный велосипед

san lun che

плюшевый медвежонок

tai di xiong

шкаф для одежды

yi chu

одежда

yi fu

носки

wa zi

чулки

chang wa

колготки

jin shen ku

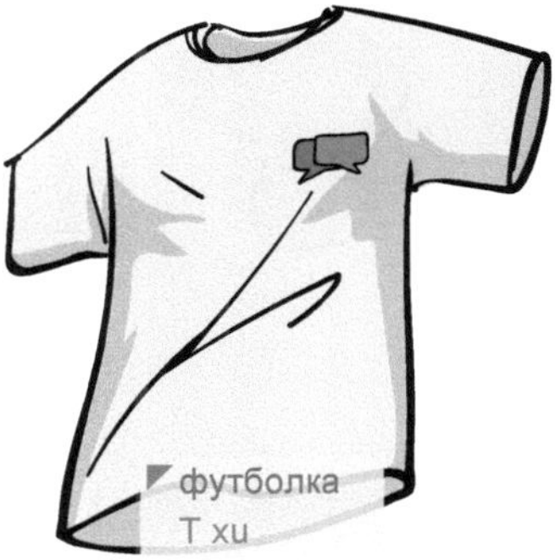

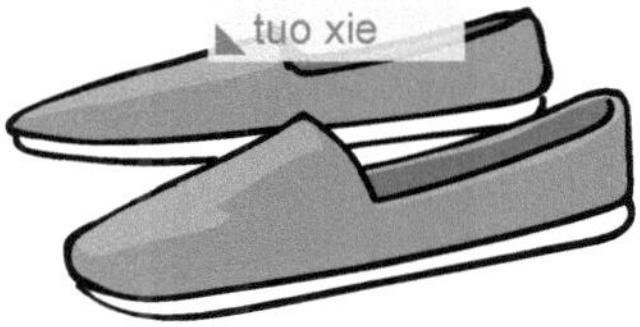

шарф
wei jin

ремень
pi dai

зонтик
yu san

футболка
T xu

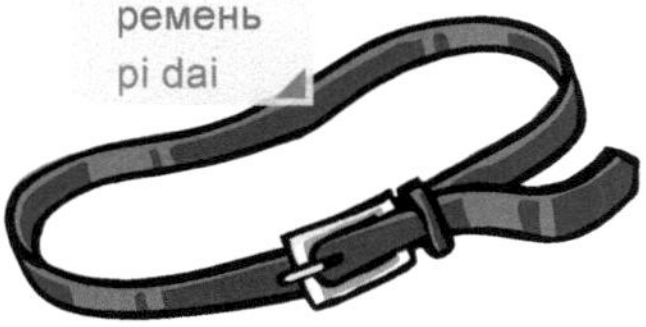

сапоги
xue zi

тапки
tuo xie

кроссовки
yun dong xie

сандалии
liang xie

ботинки
xie

резиновые сапоги
yu xue

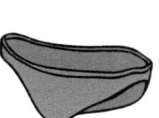

трусы
nei ku

бюстгальтер
xiong zhao

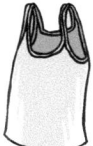

майка
bei xin

боди

shen ti

брюки

ku zi

джинсы

niu zai ku

юбка

duan qun

блузка

nü shi chen shan

рубашка

chen shan

свитер

tao tou shan

свитер

wei yi

спортивная куртка

xi zhuang jia ke

жакет

jia ke

пальто

wai tao

плащ

yu yi

костюм

tao zhuang

платье

lian yi qun

свадебное платье

hun sha

мужской костюм

xi zhuang

ночная сорочка

shui pao

пижама

shui yi

сари

sha li

платок

tou jin

тюрбан

bao tou jin

паранджа

bo ka

кафтан

ka fu tan

абайя

(a la bo shi)chang pao

купальник

yong yi

плавки

nan shi yong ku

шорты

duan ku

спортивный костюм

yun dong fu

фартук

wei qun

перчатки

shou tao

пуговица

niu kou

очки

yan jing

браслет

shou lian

цепочка

xiang lian

кольцо

jie zhi

серьга

er huan

шапка

bian mao

вешалка

yi jia

шляпа

mao zi

галстук

ling dai

застежка молния

la lian

шлем

tou kui

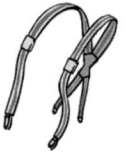

подтяжки

bei dai

школьная форма

xiao fu

форма

zhi fu

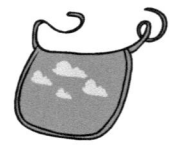

детский нагрудник
wei dou

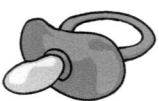

соска
an fu nai zui

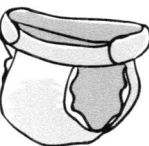

подгузник
niao bu shi

офис
ban gong shi

сервер
fu wu qi
канцелярский шкаф
wen jian gui
принтер
da yin ji
бумага
zhi
монитор
xian shi ping
письменный стол
ban gong zhuo
мышь
shu biao
папка
wen jian jia
клавиатура
jian pan
корзина для бумаг
fei zhi kuang
компьютер
dian nao
стул
yi zi

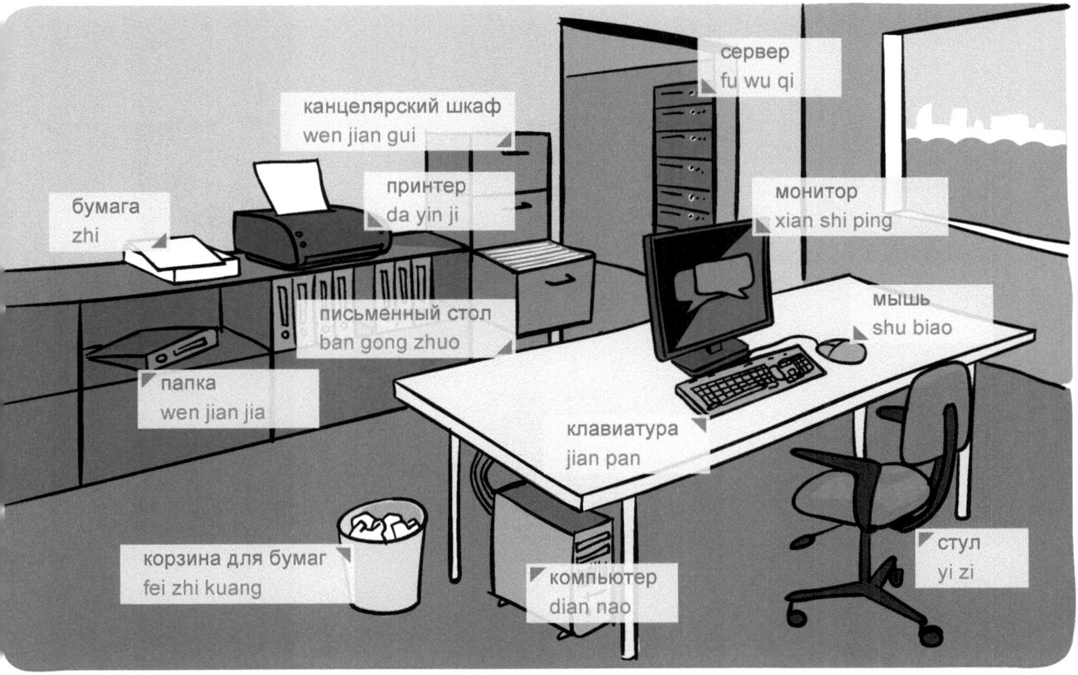

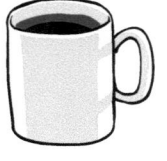

кофейная кружка
ka fei bei

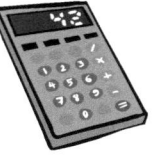

калькулятор
ji suan qi

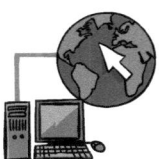

интернет
yin te wang

ноутбук

bi ji ben dian nao

письмо

xin jian

сообщение

xiao xi

мобильный телефон

shou ji

сеть

wang luo

ксерокс

fu yin ji

программа

ruan jian

телефон

dian hua

розетка

cha zuo

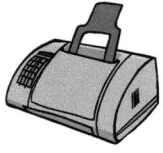

факс

chuan zhen ji

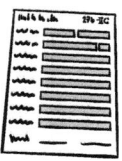

формуляр

biao ge

документ

wen jian

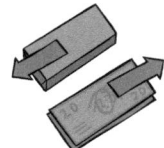

покупать

mai

платить

fu qian

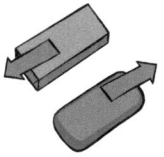

торговать

jiao yi

деньги

xian jin

доллар

mei yuan

евро

ou yuan

иена

ri yuan

рубль

lu bu

франк

rui shi fa lang

жэньминьби юань

ren min bi

рупия

lu bi

банкомат

ti kuan chu

пункт обмена валюты

wai bi dui huan chu

золото

jin

серебро

yin

нефть

shi you

энергия

neng yuan

цена

jia ge

договор

he tong

налог

shui jin

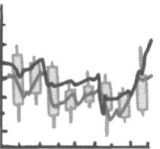

акция

gu piao

работать

gong zuo

служащий

zhi yuan

работодатель

lao ban

фабрика

gong chang

магазин

shang dian

профессии
zhi ye

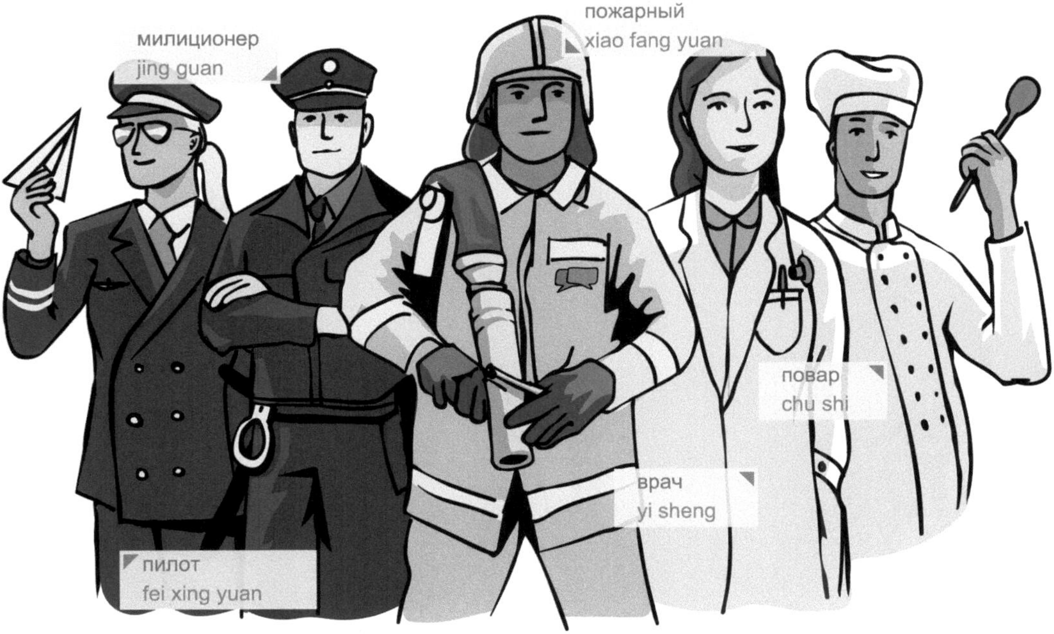
милиционер
jing guan
пожарный
xiao fang yuan
повар
chu shi
врач
yi sheng
пилот
fei xing yuan

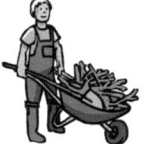

садовник

yuan ding

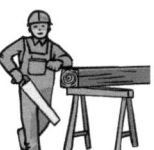

столяр

mu jiang

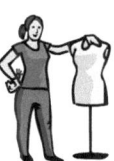

швея

cai feng

судья

fa guan

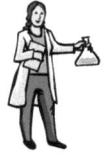

химик

hua xue jia

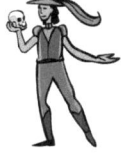

актёр

yan yuan

водитель автобуса

gong jiao che si ji

таксист

chu zu che si ji

рыбак

yu fu

уборщица

qing jie nü gong

кровельщик

wu ding gong

официант

fu wu yuan

охотник

lie ren

художник

hua jia

пекарь

mian bao shi

электрик

dian gong

строитель

jian zhu gong ren

инженер

gong cheng shi

мясник

tu fu

сантехник

shui guan gong

почтальон

you di yuan

солдат

shi bing

архитектор

jian zhu shi

кассир

shou yin yuan

флорист

hua nong

парикмахер

li fa shi

кондуктор

shou piao yuan

механик

ji xie shi

капитан

chuan zhang

зубной врач

ya yi

ученый

ke xue jia

раввин

la bi

имам

yi ma mu

монах

he shang

священник

mu shi

инструменты

gong ju

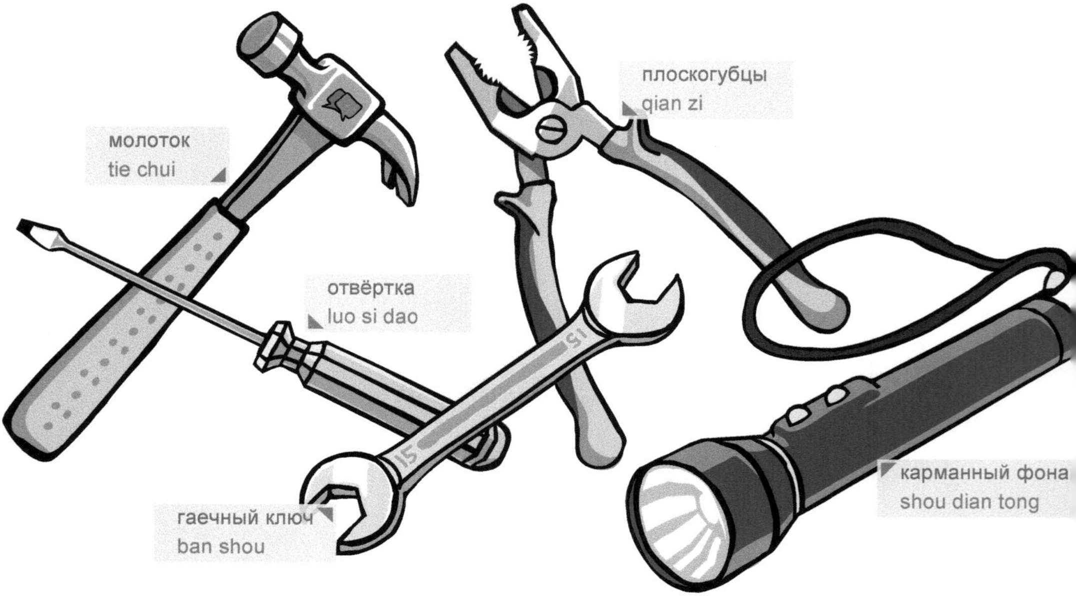

молоток
tie chui
плоскогубцы
qian zi
отвёртка
luo si dao
гаечный ключ
ban shou
карманный фона
shou dian tong

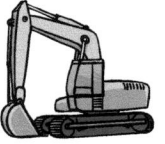

экскаватор

wa jue ji

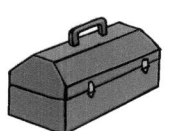

ящик для инструментов

gong ju xiang

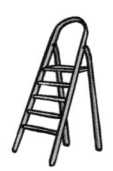

стремянка

ti zi

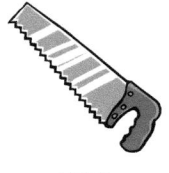

пила

ju zi

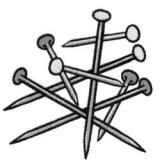

гвозди

ding zi

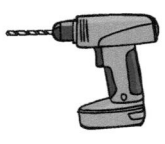

дрель

zuan ji

ремонтировать

xiu

лопата

chan zi

Блин!

kao!

совок

bo ji

ведро с краской

you qi tong

винты

luo si

музыкальные инструменты
yue qi

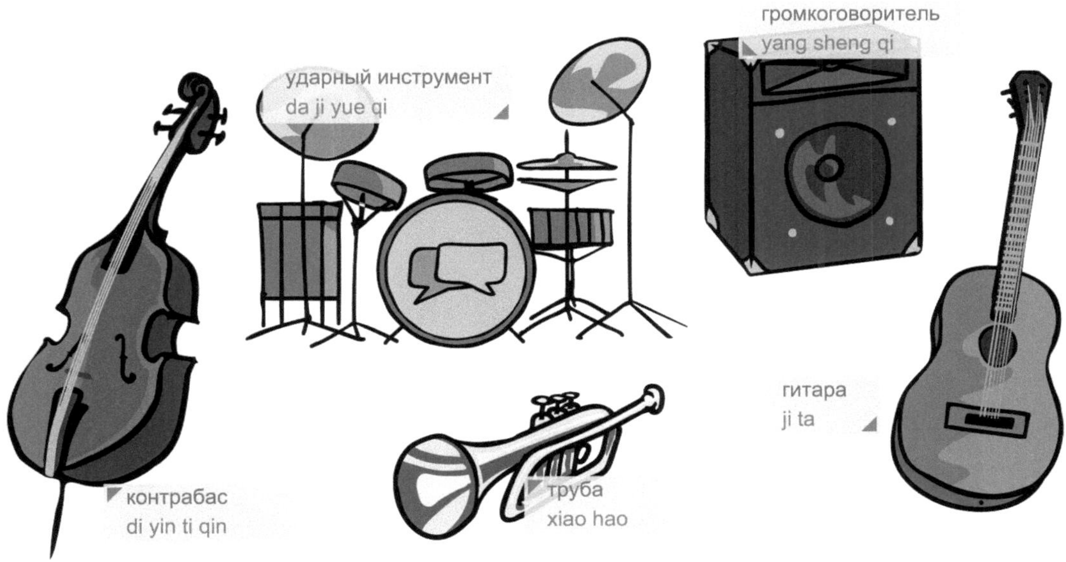

ударный инструмент
da ji yue qi

громкоговоритель
yang sheng qi

контрабас
di yin ti qin

труба
xiao hao

гитара
ji ta

пианино

gang qin

скрипка

xiao ti qin

бас-гитара

bei si

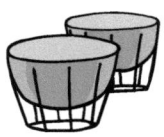

литавры

ding yin gu

барабан

gu

синтезатор

dian zi qin

саксофон

sa ke si guan

флейта

chang di

микрофон

mai ke feng

зоопарк
dong wu yuan

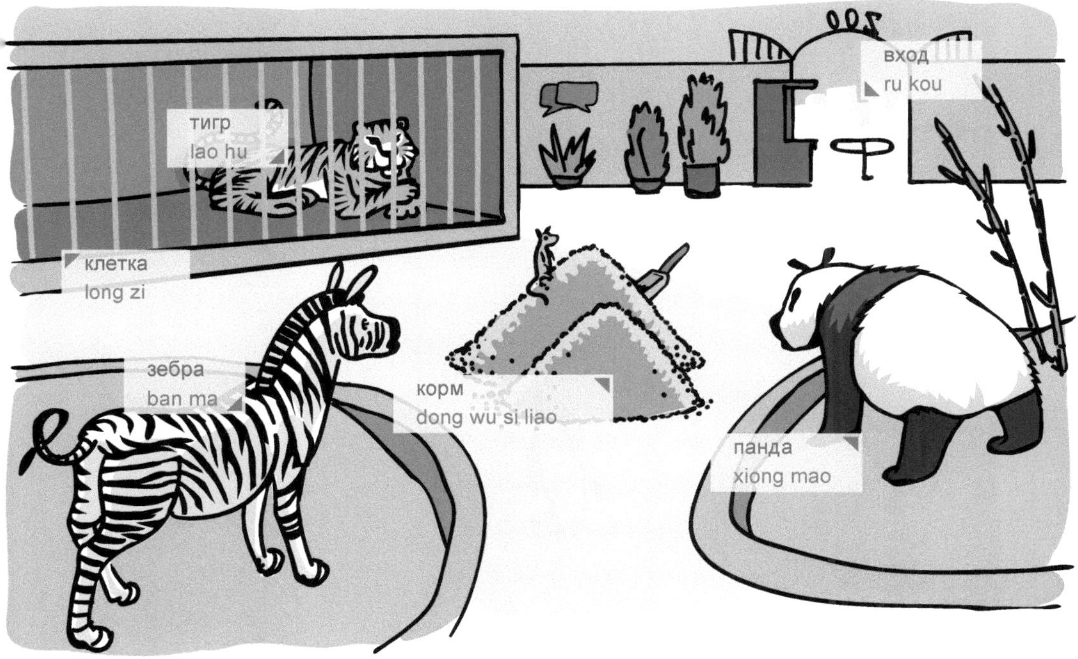

zoo
вход
ru kou
тигр
lao hu
клетка
long zi
зебра
ban ma
корм
dong wu si liao
панда
xiong mao

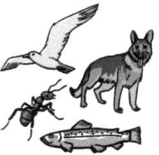

животные
dong wu

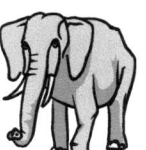

слон
da xiang

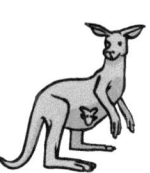

кенгуру
dai shu

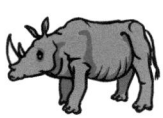

носорог
xi niu

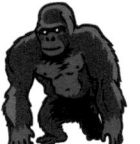

горилла
da xing xing

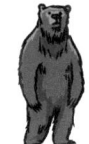

медведь
xiong

верблюд

luo tuo

страус

tuo niao

лев

shi zi

обезьяна

hou zi

фламинго

huo lie niao

попугай

ying wu

белый медведь

bei ji xiong

пингвин

qi e

акула

sha yu

павлин

kong que

змея

she

крокодил

e yu

служитель зоопарка

dong wu yuan guan li yuan

тюлень

hai bao

ягуар

mei zhou bao

пони

ai zhong ma

леопард

bao

бегемот

he ma

жираф

chang jing lu

орёл

lao ying

кабан

ye zhu

рыба

yu

черепаха

gui

морж

hai xiang

лиса

hu li

газель

ling yang

американский футбол
gan lan qiu

езда на велосипеде
qi zi xing che

теннис
wang qiu

баскетбол
lan qiu

плавание
you yong

бокс
quan ji

хоккей
bing qiu

футбол

ying shi zu qiu

бадминтон

yu mao qiu

лёгкая атлетика

tian jing

гандбол

shou qiu

лыжный спорт

hua xue

поло

ma qiu

действия
huo dong

прыгать
tiao
петь
chang
обнимать
yong bao
смеяться
xiao
идти
zou lu
мечтать
zuo meng
молиться
qi dao
целовать
qin wen

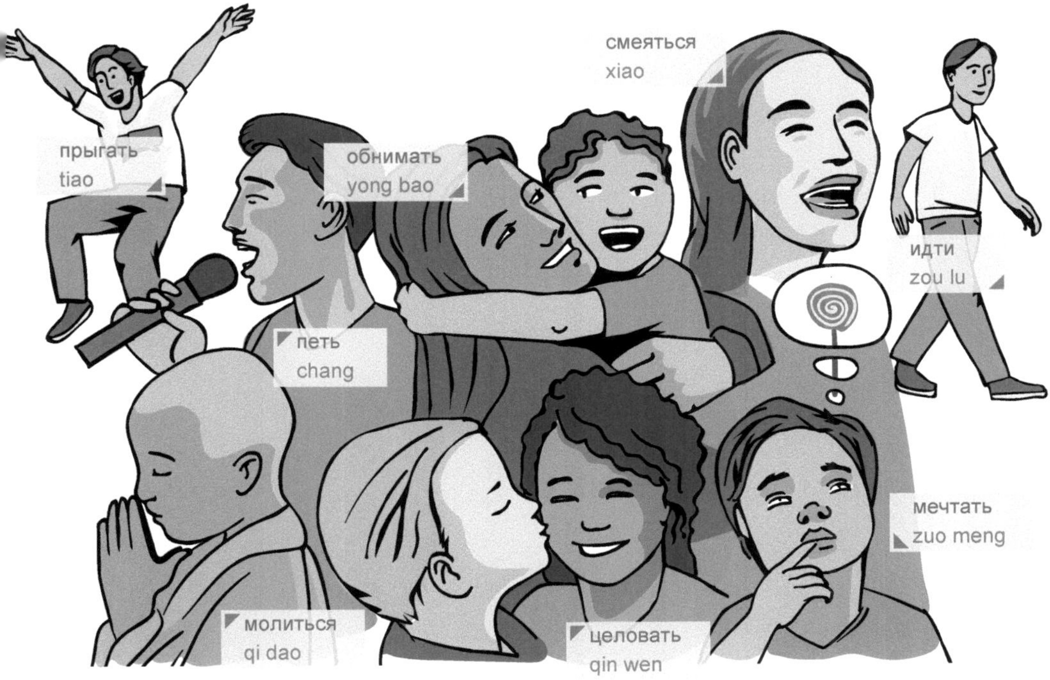

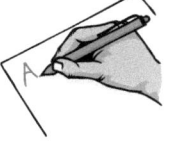

писать

shu xie

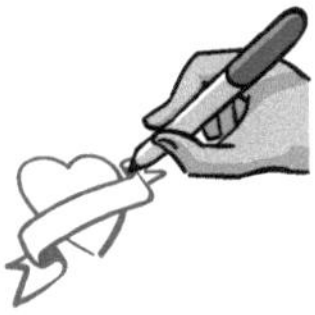

рисовать

hua

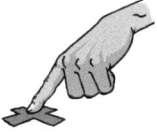

показывать

zhan shi

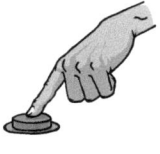

нажимать

tui

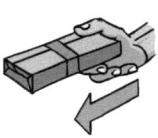

давать

gei

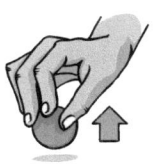

брать

na

иметь
you

делать
zuo

быть
dang

стоять
zhan

бежать
pao

тянуть
la

бросать
reng

падать
shuai dao

лежать
tang

ждать
deng dai

носить
xie dai

сидеть
zuo

надевать
chuan yi

спать
shui jiao

просыпаться
xing lai

рассматривать

kan

плакать

ku

гладить

fu mo

причесывать

shu tou

говорить

jiao tan

понимать

ming bai

спрашивать

wen

слушать

ting

пить

he

кушать

chi

наводить порядок

qing li

любить

ai

готовить

zuo fan

ехать

kai che

летать

fei

ходить под парусом

hang xing

считать

ji suan

читать

du

учиться

xue xi

работать

gong zuo

вступать в брак

jie hun

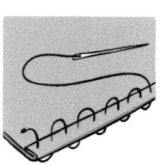

шить

feng

чистить зубы

shua ya

убивать

sha

курить

chou yan

отправлять

ji

семья

jia

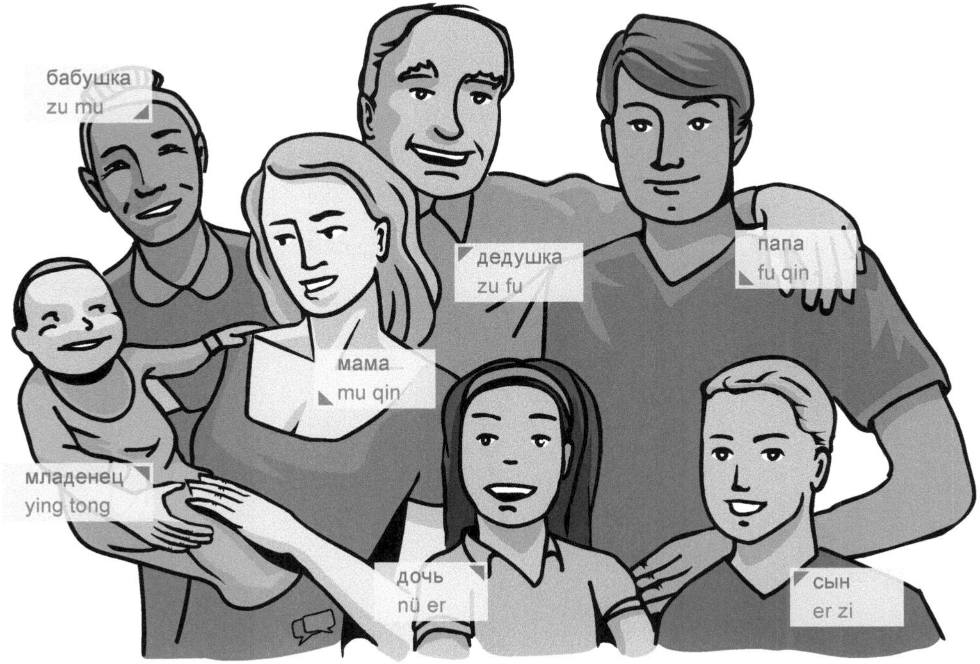
бабушка
zu mu
дедушка
zu fu
папа
fu qin
мама
mu qin
младенец
ying tong
дочь
nü er
сын
er zi

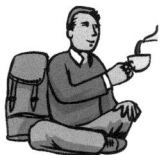

гость

ke ren

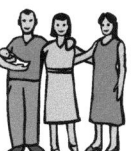

тетя

a yi

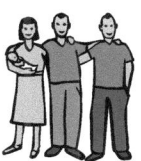

дядя

shu shu

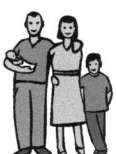

брат

xiong di

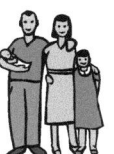

сестра

jie mei

тело

shen ti

лоб
qian e
глаз
yan jing
плечо
jian bang
палец
shou zhi
лицо
lian
подбородок
xia ba
кисть
shou
нога
tui
грудь
ru fang
рука
shou bi

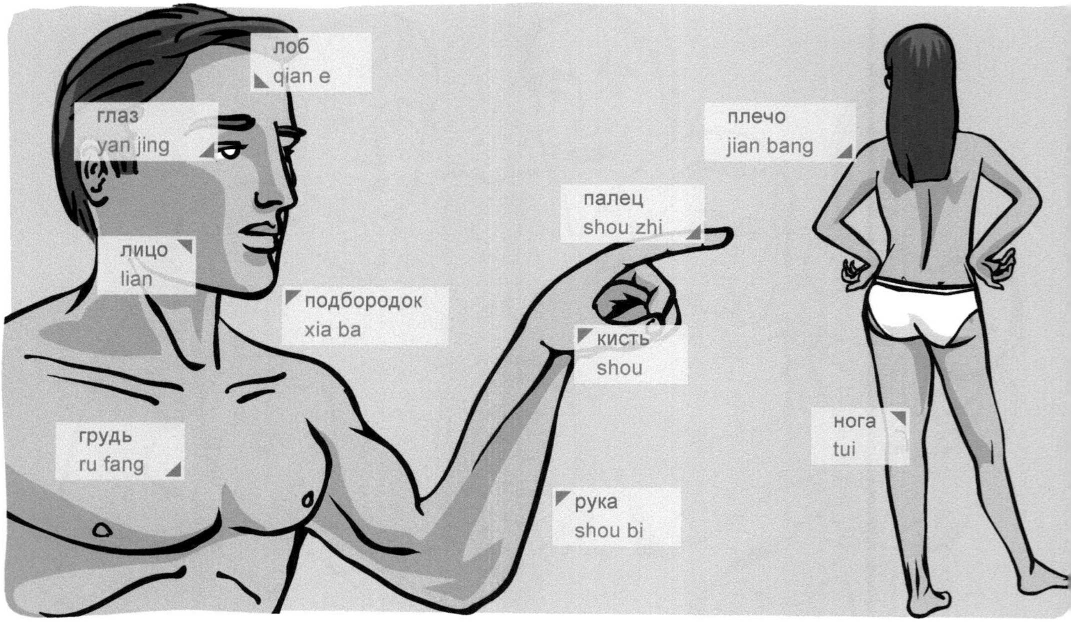

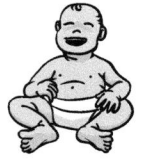

младенец

ying tong

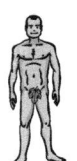

мужчина

nan ren

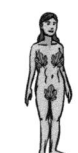

женщина

nü ren

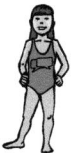

девочка

nü hai

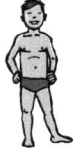

мальчик

nan hai

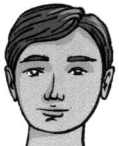

голова

tou

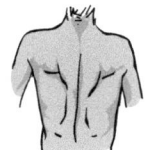

спина

bei bu

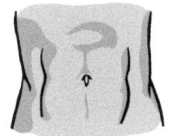

живот

du zi

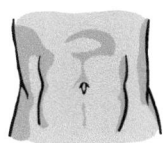

пупок

du qi

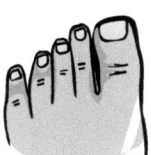

палец ноги

jiao zhi

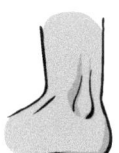

пятка

jiao hou gen

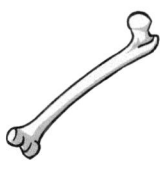

кость

gu tou

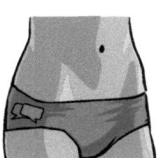

бедро

tun bu

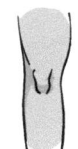

колено

xi gai

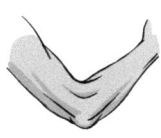

локоть

shou zhou

нос

bi zi

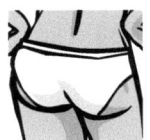

ягодицы

pi gu

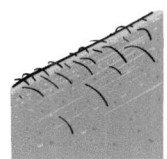

кожа

pi fu

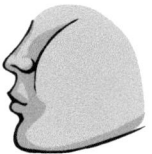

щека

lian jia

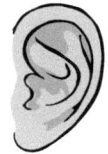

ухо

er duo

губа

zui chun

тело - shen ti

рот

zui

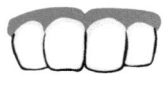

зуб

ya chi

язык

she tou

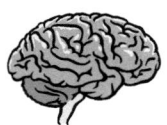

мозг

nao

сердце

xin zang

мышца

ji rou

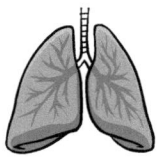

лёгкое

fei

печень

gan zang

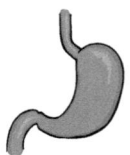

желудок

wei

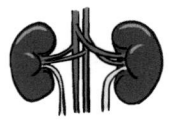

почки

shen zang

половой акт

xing jiao

презерватив

bi yun tao

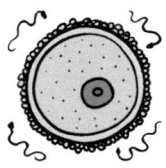

яйцеклетка

luan zi

сперма

jing zi

беременность

huai yun

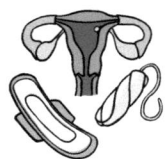

менструация

yue jing

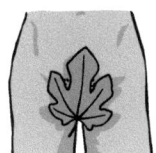

вагина

yin dao

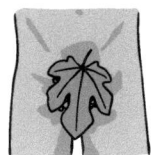

пенис

yin jing

бровь

mei mao

волосы

tou fa

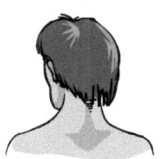

шея

bo zi

больница
yi yuan

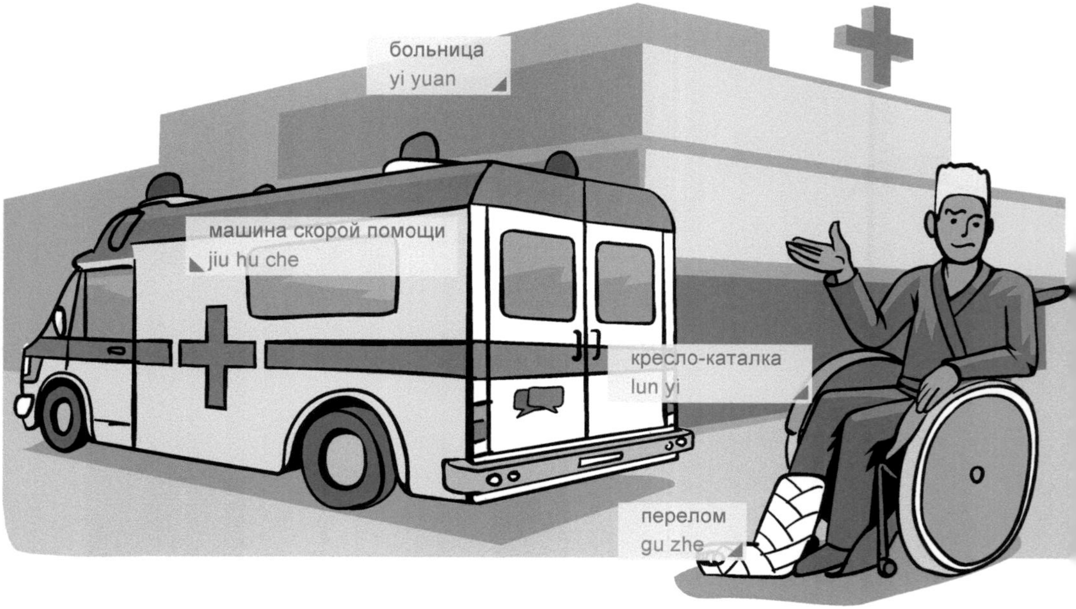

больница
yi yuan
машина скорой помощи
jiu hu che
кресло-каталка
lun yi
перелом
gu zhe

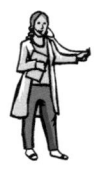

врач

yi sheng

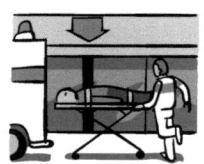

пункт первой помощи

ji zhen shi

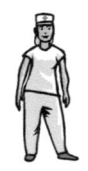

медсестра

hu shi

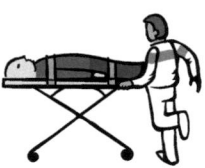

неотложный случай

jin ji qing kuang

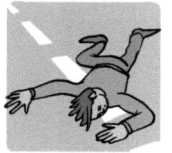

без сознания

hun mi

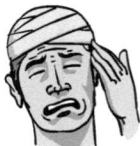

боль

tong

повреждение

shou shang

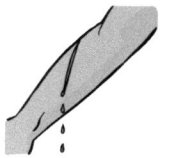

кровотечение

chu xue

инфаркт

xin zang bing fa zuo

инсульт

zhong feng

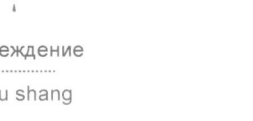

аллергия

guo min

кашель

ke sou

повышенная температура

fa shao

грипп

liu gan

понос

fu xie

головная боль

tou tong

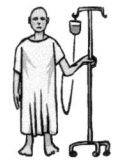

рак

ai zheng

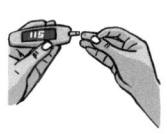

диабет

tang niao bing

хирург

wai ke yi sheng

скальпель

shou shu dao

операция

shou shu

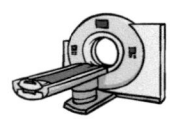

КТ

CT

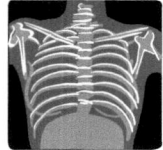

рентген

X guang

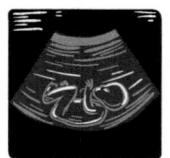

ультразвук

chao sheng bo

маска

kou zhao

болезнь

ji bing

приёмная

hou zhen shi

костыль

guai zhang

пластырь

shi gao

бинт

beng dai

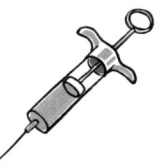

укол

zhu she

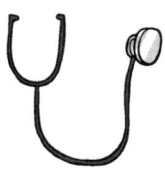

стетоскоп

ting zhen qi

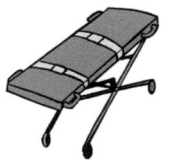

носилки

dan jia

термометр

ti wen ji

рождение

chu sheng

избыточный вес

chao zhong

слуховой аппарат

zhu ting qi

дезинфекционное
средство
xiao du ye

инфекция

gan ran

вирус

bing du

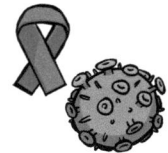

ВИЧ / СПИД

ai zi bing

лекарство

yao wu

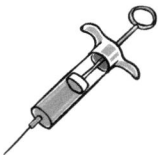

прививка

jie zhong yi miao

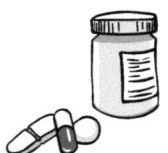

таблетки

yao pian

противозачаточная
таблетка
yao wan

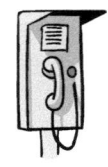

экстренный вызов

ji jiu dian hua

прибор для измерения
кровяного давления
xue ya ji

больной / здоровый

sheng bing/jian kang

Помогите!

jiu ming!

сигнал тревоги

jing bao

нападение

tu ji

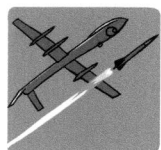

атака

gong ji

опасность

wei xian

запасной выход

jin ji chu kou

Пожар!

zhao huo la!

огнетушитель

mie huo qi

несчастный случай

yi wai

аптечка

ji jiu xiang

SOS

hu jiu xin hao

милиция

jing cha

Европа

ou zhou

Северная Америка

bei mei zhou

Южная Америка

nan mei zhou

Африка

fei zhou

Азия

ya zhou

Австралия

ao zhou

Атлантический океан

da xi yang

Тихий океан

tai ping yang

Индийский океан

yin du yang

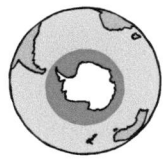

Антарктический океан

nan bing yang

Северный Ледовитый океан

bei bing yang

Северный полюс

bei ji

Южный полюс

nan ji

Антарктика

nan ji zhou

земля

di qiu

суша

lu di

море

hai

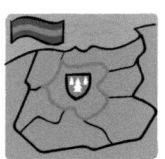

остров

dao

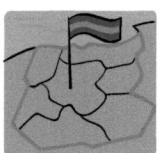

нация

guo jia

государство

guo jia

циферблат

zhong mian

часовая стрелка

shi zhen

минутная стрелка

fen zhen

секундная стрелка

miao zhen

Который час?

xian zai ji dian?

день

tian

время

shi jian

сейчас

xian zai

электронные часы

dian zi biao

минута

fen

час

shi

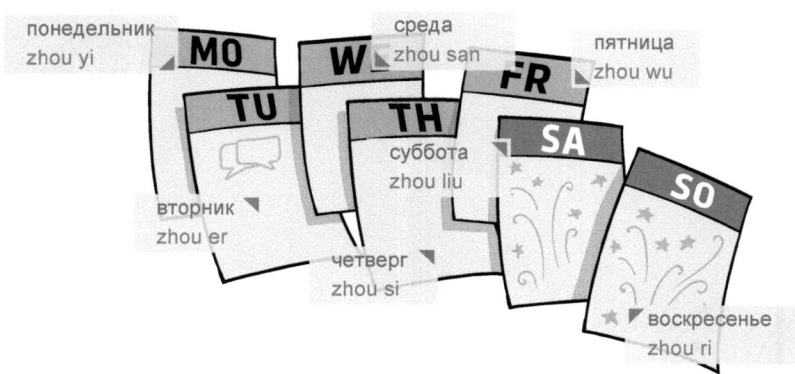

понедельник
zhou yi

среда
zhou san

пятница
zhou wu

вторник
zhou er

четверг
zhou si

суббота
zhou liu

воскресенье
zhou ri

вчера

zuo tian

сегодня

jin tian

завтра

ming tian

утро

zao chen

полдень

zhong wu

вечер

wan shang

рабочие дни

gong zuo ri

выходные

zhou mo

год

nian

дождь
yu
радуга
cai hong
ветер
feng
снег
xue
весна
chun
осень
qiu
лето
xia
зима
dong

4.APRIL 11°
5.APRIL 4°
6.APRIL 13°
7.APRIL 8°
8.APRIL 10°

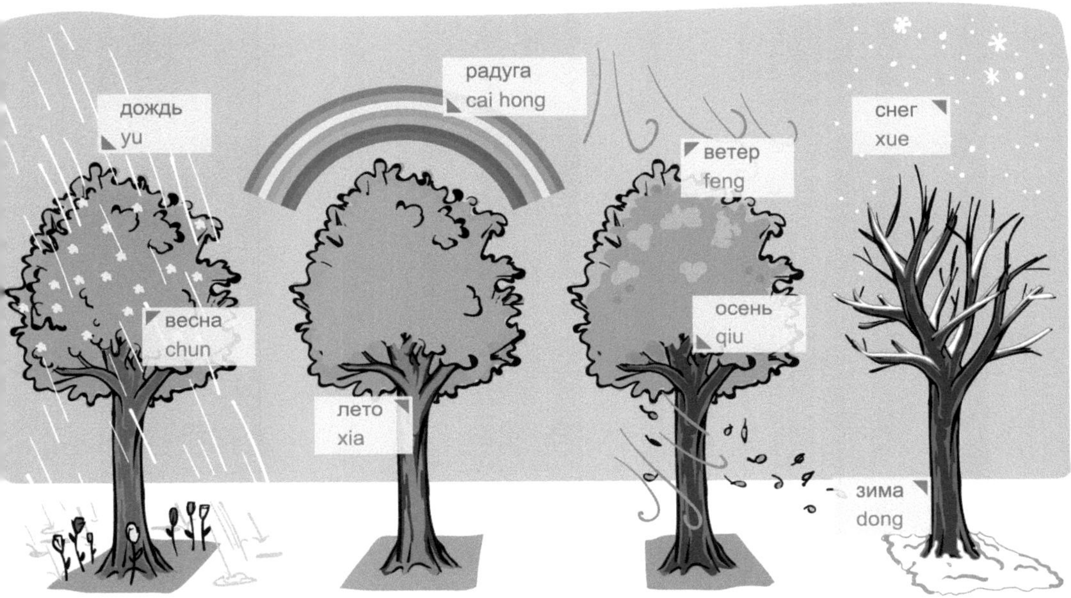

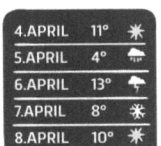

прогноз погоды

tian qi yu bao

F
C
120
90
60
30
0
-30
40
30
20
10
0
-10
-20

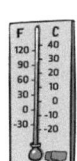

термометр

wen du ji

солнечный свет

yang guang

туча

yun

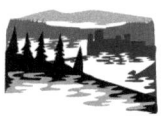

туман

wu

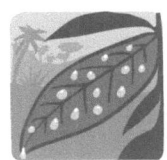

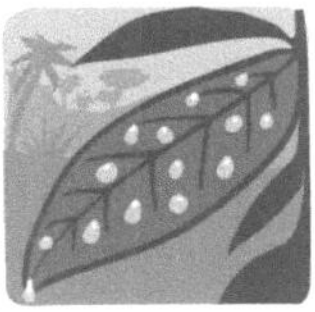

влажность воздуха

chao shi

молния

shan dian

гром

da lei

буря

feng bao

град

bing bao

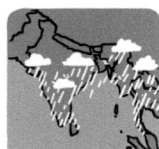

муссон

ji feng

наводнение

hong shui

лёд

bing

январь

yi yue

февраль

er yue

март

san yue

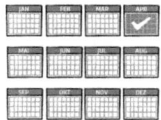

апрель

si yue

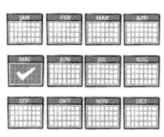

май

wu yue

июнь

liu yue

июль

qi yue

август

ba yue

год - nian

сентябрь

jiu yue

октябрь

shi yue

ноябрь

shi yi yue

декабрь

shi er yue

формы
xing zhuang

круг

yuan xing

квадрат

zheng fang xing

прямоугольник

chang fang xing

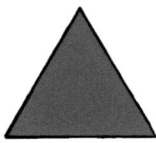

треугольник

san jiao xing

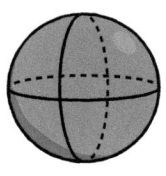

шар

qiu ti

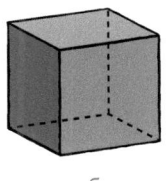

куб

li fang ti

белый

bai

желтый

huang

оранжевый

cheng

розовый

fen

красный

hong

лиловый

zi

синий

lan

зелёный

lü

коричневый

zong

серый

hui

черный

hei

много / мало

hen duo/shao xu

яростный / мирный

sheng qi/ping jing

красивый / уродливый

mei/chou

начало / конец

shou/wei

большой / маленький

da/xiao

светлый / темный

ming/an

брат / сестра

xiong di/jie mei

чистый / грязный

gan jing/ang zang

полный / неполный

wan zheng/que shi

день / ночь

bai tian/wan shang

мёртвый / живой

si/sheng

широкий / узкий

kuan/zhai

съедобный / несъедобный

ke shi yong/fei shi yong

злой / дружелюбный

xie e/shan liang

взволнованный /
скучающий
xing fen/wu liao

толстый / худой

pang/shou

сначала / в конце

di yi/zui hou

друг / враг

peng you/di ren

полный / пустой

man/kong

твёрдый / мягкий

ying/ruan

тяжёлый / легкий

zhong/qing

голод / жажда

e/ke

больной / здоровый

sheng bing/jian kang

незаконный / законный

fei fa/he fa

умный / глупый

cong ming/yu ben

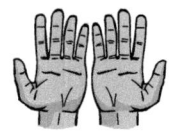

слева / справа

zuo/you

близко / далеко

jin/yuan

новый / подержанный

xin/jiu

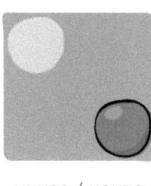

ничто / нечто

mei you/you xie

старый / молодой

lao/you

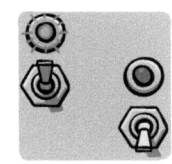

включено / выключено

kai/guan

открыто / закрыто

da kai/he shang

тихо / громко

an jing/chao nao

богатый / бедный

fu/qiong

правильный / неправильный

dui/cuo

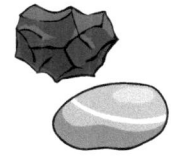

шероховатый / гладкий

cu cao/guang hua

печальный / счастливый

shang xin/gao xing

короткий / длинный

duan/chang

медленный / быстрый

man/kuai

мокрый / сухой

shi/gan

тёплый / прохладный

wen nuan/liang shuang

война / мир

zhan zheng/he ping

противоположности - fan yi ci

0

ноль

ling

1

один

yi

2

два

er

3

три

san

4

четыре

si

5

пять

wu

6

шесть

liu

7

семь

qi

8

восемь

ba

9

девять

jiu

10

десять

shi

11

одиннадцать

shi yi

12

двенадцать

shi er

13

тринадцать

shi san

14

четырнадцать

shi si

15

пятнадцать

shi wu

16

шестнадцать

shi liu

17

семнадцать

shi qi

18

восемнадцать

shi ba

19

девятнадцать

shi jiu

20

двадцать

er shi

100

сто

bai

1.000

тысяча

qian

1.000.000

миллион

bai wan

цифры - shu zi

английский

ying yu

американский английский

mei shi ying yu

мандаринский китайский

pu tong hua

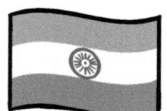

хинди

yin di yu

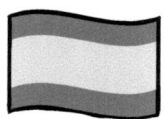

испанский

xi ban ya yu

французский

fa yu

арабский

a la bo yu

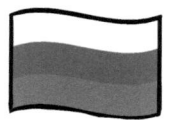

русский

e yu

португальский

pu tao ya yu

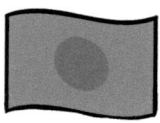

бенгальский

feng jia la yu

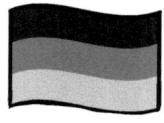

немецкий

de yu

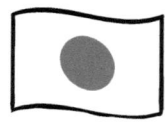

японский

ri yu

я

wo

ты

ni

он / она / оно

ta/ta/ta

мы

wo men

вы

ni men

они

ta men

кто?

shei?

что?

shen me?

как?

zen yang?

где?

na li?

когда?

shen me shi hou?

имя

ming zi

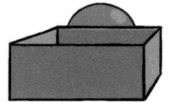

за

hou mian

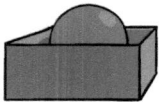

в

li mian

перед

qian mian

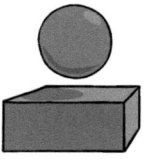

над

shang fang

на

shang mian

под

xia mian

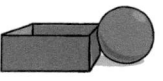

рядом

pang bian

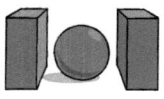

между

zhong jian

место

di dian